27
Ln 15378.

NOTICE

SUR

M. l'abbé OLIVIER.

NOTICE

SUR

M. l'abbé OLIVIER

CHANOINE HONORAIRE

ET CURÉ-DOYEN DE LA PAROISSE St-LOUIS

A TOULON.

TOULON

TYPOGRAPHIE ET LITHOGRAPHIE D'E. AUREL, RUE DE L'ARSENAL, 13.

1861

La paroisse de Saint-Louis est plongée dans le deuil ; elle vient de faire, en la personne de son digne pasteur, une de ces pertes, qu'il est toujours bien difficile à l'autorité supérieure de réparer. Nul n'ignore à Toulon, le zèle pour le salut des âmes, la prudence, la piété aussi éclairée que douce, toutes les précieuses qualités de l'esprit et du cœur, qui avaient concilié à M. l'abbé Olivier, l'estime et la confiance de ses confrères dans le sacerdoce et la tendre affection de ses paroissiens.

Les larmes abondantes, qui sont tombées des yeux des pieux fidèles, la tristesse profonde, qui était empreinte sur toutes les figures, l'affluence considérable, qui assistait à ses obsèques nous ont donné la mesure des regrets, qu'il emporte; aussi croyons-nous répondre aux désirs de ses nombreux amis, en retraçant ici quelques traits de cette existence si courte, mais si bien remplie.

M. l'abbé Olivier, naquit au Broc, d'une famille honorable. De bonne heure, il donna des marques non équivoques de sa vocation à l'état ecclésiastique. Ses parents, chez lesquels les principes religieux sont héréditaires, bien loin de contrarier ses heureuses dispositions naissantes, ne négligèrent rien au contraire pour les favoriser.

Il y avait alors à peu de distance du Broc, dans la ville de Vence (Alpes-Maritimes), un petit séminaire, que dirigeait M. Blacas, de vénérable et sainte mémoire. Ce fut aux soins de ce prêtre, selon le cœur de Dieu, qu'ils confièrent ce fils chéri, l'aîné et déjà l'espoir de la famille. Le nouveau pensionnaire ne tarda pas à se faire remarquer par ses talents, par sa perspicacité, par l'aménité de son caractère et la régularité de sa conduite : aussi le sage Directeur de l'établissement ne crut pas devoir lui différer longtemps la faveur de porter l'habit ecclésiastique.

A dater de ce jour, sa piété et sa ferveur parurent prendre de nouveaux accroissements ; heureux, et justement fier de se voir vêtu du saint habit, il ne le quitta plus et, en se dépouillant des vêtements séculiers, il se dépouilla entièrement aussi du vieil homme, pour emprunter ici le langage de l'apôtre Saint-Paul. Rien n'annonça plus en lui la légèreté de l'enfance. On le vit tout à coup devenir grave, sérieux, réfléchi. Plein d'estime et de respect pour les choses saintes, sa plus douce consolation était de remplir à l'autel les fonctions dévolues aux lévites du Seigneur, et il s'en acquittait toujours avec cet air de modestie, avec cet esprit de foi, qu'y apportaient les Louis de Gonzague et les Stanislas Koika.

Après un cours d'études, durant lequel il avait constamment obtenu de brillants succès, le jeune abbé Olivier entra au grand séminaire de Fréjus, pour s'y former plus particulièrement à la science et aux vertus ecclésiastiques.

Il y passa quatre ans et chacun des jours de son noviciat parut accroître sa foi, sa modestie, son humilité et sa ferveur angélique. Observateur fidèle des règles de la communauté, d'une aménité parfaite, d'une charité et d'une complaisance sans bornes envers ses condisciples, il était pour tous un ami et un modèle, et nous qui lui survivons, nous surtout, qui avons eu le bonheur d'être admis dans son intimité, nous ne retraçons qu'avec une pieuse douleur ces émouvants souvenirs.

Profondément convaincu que le prêtre doit être un homme de science, s'il ne veut être repoussé par le Seigneur, selon l'expression de nos livres saints, l'abbé Olivier se livra avec ardeur à l'étude de la philosophie et de la théologie, sous la direction des professeurs éminents, alors chargés de ce haut enseignement, et grâce à son application soutenue, il devint un des élèves les plus distingués; économe du temps, il n'en laissait aucune minute se perdre en d'inutiles soins, on eut dit qu'épris des mâles beautés de la science par laquelle l'Église élève à la sublimité de leur ministère, l'esprit et le cœur de ses prêtres, il oubliait les lettres humaines, charme de ses jeunes années ; mais les âmes d'élite peuvent-elles oublier que la science a deux faces? l'une tournée vers Dieu et réfléchissant quelques rayons de son intelligence créatrice ; l'autre inclinée vers la terre, et y projetant la lumière de la vérité et de la vertu. L'abbé Olivier connut de bonne heure ce double secret, et le grand séminaire ainsi que le petit le vit constamment heureux de l'estime et de l'amour de ses condisciples et de ses supérieurs.

En 1830, l'un des professeurs du grand séminaire, M. l'abbé Charrier, fut chargé de la direction du petit séminaire de Grasse, qui allait déclinant de jour en jour. Voulant le relever et le mettre au plus tôt en état d'engager avec le collége de cette ville la seule rivalité que l'Église ne craint pas et qu'elle accepte, parce qu'elle conduit au bien des familles et partant de la société, le nouveau supérieur, homme d'une haute intelligence, d'une remarquable rectitude de jugement et juste appréciateur du vrai mérite dut s'entourer de professeurs riches de tous les dons de la science et de la piété. Il avait étudié et connaissait à fond l'abbé Olivier qui venait de terminer son cours de théologie et il jeta les yeux sur lui pour professer la rhétorique. — Le jeune professeur ne tarda pas de justifier la préférence dont il avait été l'objet. Pendant plusieurs années il s'acquitta de ses honorables fonctions avec une distinction, qui lui attira plus d'une fois des témoignages de satisfaction. Tous les jours, le Supérieur se félicitait du choix qu'il avait fait, les autres professeurs se réjouissaient de l'avoir pour collègue et les élèves s'estimaient heureux de recevoir ses leçons; aussi grande fut la joie des habitants de Grasse, lorsqu'ils apprirent qu'il venait de passer de l'enseignement à l'exercice du saint ministère et qu'ils seraient les premiers à recueillir les fruits de son zèle. Ils l'avaient vu à l'œuvre, ils connaissaient ses vertus et ses talents et ils espéraient beaucoup de son apostolat auprès d'eux; mais hélas! ils ne devaient pas jouir longtemps de sa présence, à peine commençaient-ils à l'entourer de leur confiance, qu'il leur fut ravi et envoyé à la culture d'une autre vigne. Bien convaincue que sa place naturelle était sur un théâtre plus élevé, l'autorité supérieure le nomma à un vicariat vacant dans la paroisse de Saint-Louis, à Toulon. — Là comme à Grasse, par la distinction de ses manières, par la sagesse de sa direction et par le charme de sa conversation, il eut bientôt conquis l'estime et l'affectueuse considération des paroissiens. On se souvient encore de l'influence puissante qu'il exerça surtout parmi les membres de la haute société. Son nom était cité partout, partout sa parole était reçue et acceptée avec une sympathique bienveillance.

Lancé dans cette atmosphère d'éloges, d'égards délicats et de respectueux sentiments, pleine de périls pour une âme, que ne défend pas toujours la longue expérience de la vie, le jeune vicaire faisait remonter vers Dieu, principe de tout bien, ces hommages, dont il lui suffisait de se montrer de jour en jour plus digne. Sa belle intelligence, l'ardeur de sa foi, la noblesse de son caractère, la pureté de son âme, protégées par son amour pour la prière et ses œuvres de charité, écartaient de lui tout ce qui aurait pu porter atteinte à l'esprit éminemment sacerdotal, dont il était animé.

Mais ce n'était pas seulement de ce côté qu'il dirigeait les efforts de son zèle. Se faisant tout à tous pour les gagner tous à J. C. à l'exemple du grand apôtre, il savait descendre de ces hauteurs pour se rapprocher des conditions inférieures. C'est même à celles-là qu'il témoignait le plus vif intérêt, c'est d'elles qu'il aimait plus particulièrement à s'occuper : aussi ne reculait-il devant aucune démarche pour retirer du sein des positions pénibles où ils se trouvaient, de pauvres ouvriers et de modestes servantes ; heureux quand il parvenait à atteindre son but, et ce bonheur il l'a goûté bien souvent.

Ce fut pendant son vicariat qu'il jeta les fondements de ces admirables conférences de St-Vincent-de-Paul, dont les membres n'ont cessé d'être pour les pauvres de notre ville, une providence vivante et, pour tous les habitants, des sujets d'édification. La première réunion eut lieu dans un des appartements de son domicile, et

Mgr d'Amata, alors dans nos murs et se disposant à partir pour la Nouvelle Calédonie, fut prié de faire l'inauguration de cette OEuvre naissante et de la bénir ; ce souvenir est encore présent à notre esprit et il ne s'en effacera jamais. Nous étions nous même là à côté de ce pieux prélat, qui nous honorait de son amitié et que nous avons tant aimé. Sa parole d'apôtre et sa bénédiction de pontife ont porté leurs fruits.

C'était le grain de sénevé de l'Evangile. Il est devenu, personne ne l'ignore, un arbre sous l'ombre duquel se sont abritées bien des infortunes, bien des douleurs. Mais la violence du coup qui vient de le frapper retentit dans le cœur de l'abbé Olivier, aussi douloureusement que retentit dans l'âme d'un père tendre la perte d'un fils bien-aimé ; car il avait pour les conférences de Toulon, qui étaient son œuvre, un amour tout paternel.

Nous aimons à croire que le bien qu'elles ont opéré jusqu'à ce jour, ne s'éteindra pas et que les membres de nos diverses conférences, fidèles à la pensée et à l'esprit de Saint-Vincent-de-Paul, se grouperont autour de leurs curés respectifs et continueront, sous leur regard bienveillant et protecteur, les œuvres de charité dont ils ont en quelque sorte couvert notre ville. C'est là, d'ailleurs, le désir de plusieurs Prélats éminents.

Il est un fait qui a frappé notre esprit et que nous ne voulons pas laisser passer inaperçu. Fondateur de cette humble et si utile société, c'est lui qui a présidé le 7 décembre l'assemblée générale, qui sera peut être la dernière. *Vous fûtes notre père,* lui avait dit le président, en notre présence, *qui plus que vous a le droit, oserai-je le dire, le devoir, quand l'orage gronde sur nous, de venir nous éclairer, nous raffermir par votre présence, par votre parole aimée. Oh!* répondit-il, *de tout cœur*. Et il ressentait déjà les premières atteintes de la maladie qui nous l'a enlevé.

Nous le vimes le lendemain se rendre à la cathédrale, lieu de la réunion, appuyé sur un bras ami, car il marchait avec peine. Il adressa à l'assemblée émue une excellente exhortation. *A demain*, dit-il en finissant, voulant achever à l'autel par sa prière et par la vertu du divin sacrifice, le bien qu'il avait commencé. Le lendemain le chœur de son église contenait à peine les fils de St-Vincent-de-Paul. Il s'avança à pas lents vers cet autel, où il ne devait plus monter, unit leurs vœux aux siens, leur distribua le pain céleste des anges et dominant de plus en plus ses souffrances, qui se peignaient sur sa douce figure, il prononça cette touchante allocution dernier testament de son amour (1).

Au milieu du bien qu'il opérait et de l'influence qu'il exerçait, l'abbé Olivier n'avait rien de cette prétention et de cette morgue, que donne aux âmes vulgaires une position semblable à celle qu'il avait acquise. Plus il grandissait dans l'opinion publique, plus il était prévenant et affable envers ses confrères. Toujours prêt à leur être agréable, à les remplacer tantôt pour une messe à chanter, tantôt pour des sermons, tantôt pour la

---

(1) Voyez la note à la fin de cette Notice.

semaine à faire, et à leur rendre une foule de ces petits services, qui contribuent si puissamment à charmer les peines de la vie et à diminuer le fardeau du saint ministère ; aussi l'harmonie la plus parfaite régnait entre eux, et quoique le dernier venu dans la paroisse et bien que devenu l'objet d'une préférence si honorable, il ne souleva jamais le moindre sentiment de jalousie : spectacle édifiant que présenta, la paroisse de St-Louis pendant le vicariat de l'abbé Olivier et qu'elle n'a cessé de présenter encore pendant tout le temps qu'il en a été le pasteur ! Ah ! c'est que l'abbé Olivier était fidèle aux admirables leçons de pieuse sagesse qu'il avait reçues. Son chef immédiat, dont les idées larges et l'esprit élevé sont connus, savait apprécier les excellentes qualités du jeune vicaire. Il était le premier à l'encourager, à le féliciter de ses succès et à faire son éloge, lorsque l'occasion se présentait. De son côté l'abbé Olivier savait bien acquitter la dette de sa reconnaissance. Plein de déférence et de respect pour son cher et vénérable curé, il n'entreprenait jamais rien sans le lui soumettre et sans être tout d'abord soutenu par son approbation. Cet échange mutuel de bons procédés, cette confiance réciproque ne contribuèrent pas peu à l'accroissement du bon esprit et de la ferveur dans la paroisse.

Ainsi s'écoulait dans nos murs cette vie, riche d'œuvres saintes et de vertus, lorsque en 1846, le nouvel évêque de Fréjus, Mgr Wicart, enleva l'abbé Olivier à l'affection de son curé, de ses confrères et des paroissiens de St-Louis, pour lui confier un poste d'une haute importance, la direction du petit séminaire de Brignoles. Les succès qu'il avait obtenus dans l'enseignement, le dévouement qu'il avait toujours témoigné aux jeunes gens en particulier, déterminèrent Sa Grandeur à le mettre à la tête de cet établissement. Le nouveau Supérieur ne tarda pas à justifier la confiance que son évêque avait mise en lui.

Sous sa direction intelligente, cet établissement changea bientôt entièrement de face. Entouré de professeurs capables et habiles dans l'enseignement, aidé de leurs lumières et de leur expérience il introduisit, peu à peu et sans rien brusquer, des réformes salutaires et dont on reconnaissait la nécessité. Tendre ami du jeune âge et sachant lui donner les diverses impulsions auxquelles il aime à obéir, il exerça une grande influence sur les élèves et, profitant de l'ascendant qu'il avait su prendre sur eux, il allumait et entretenait en eux la passion du bien, tantôt par des exercices publics, tantôt par des récompenses solennellement décernées, toujours par des paroles encourageantes, d'autrefois par des visites inattendues dans les classes, enfin, par la sage intervention des parents, secrètement avertis. En un mot il ne négligeait rien de tout ce qui pouvait favoriser les études ; aussi leur niveau se trouva-t-il en peu de temps à la hauteur de celui de tous les colléges universitaires,

Veillant avec un soin plus minutieux encore à la moralité des élèves, voulant graver profondément dans leurs jeunes cœurs les véritables principes de la vie chrétienne, il s'efforçait de les former à la pratique des vertus qu'inspire la foi catholique et à faire contracter, à ceux que Dieu n'appelait pas à l'état ecclésiastique des habitudes qu'ils pussent conserver sans crainte et sans orgueil dans le monde. Que si, (malheur hélas! de tous les temps et de tous les lieux), son œil vigilant découvrait parmi eux quelque cœur atteint d'une incurable perversité, il ne craignait pas, quand les voies de la douceur étaient épuisées, de l'éloigner d'une maison, où il n'était plus qu'un déplorable péril pour les âmes encore innocentes.

Sa sollicitude pour la santé de ses chers élèves n'était pas moins grande que celle qu'il avait pour leurs progrès dans les études et dans la pratique de la vertu. Le régime alimentaire, la propreté et l'aération des dortoirs, les promenades et les exercices du corps, pendant les récréations, étaient pour lui l'objet de soins particuliers. Disons-le hautement, sous ce rapport comme sous tous les autres, il était un véritable père pour chacun d'eux ; aussi en rentrant sous le toit domestique ils ne tarissaient pas sur le compte de leur Supérieur. Aussi leur nombre, grossissant chaque année, il fallut enfin songer sérieusement à la réalisation d'un projet depuis longtemps élaboré ; celui de la construction d'un nouveau local plus spacieux que le premier.

C'était là une bien grande entreprise ; car chacun sait les difficultés que présentent les œuvres de cette nature :

or, malgré les obstacles qui se rencontrèrent sur ses pas M. l'abbé Olivier sut atteindre son but et, grâce à son activité, à son énergie et à sa volonté ferme, le diocèse possède actuellement un séminaire vaste, parfaitement aéré, qui est un véritable monument et où plus de deux cents élèves reçoivent encore une instruction soignée et puisent les principes de cette religion, qui assure le bonheur des familles et des sociétés.

Satisfait des heureux résultats, que l'abbé Olivier avait obtenus dans la direction de son petit séminaire, Mgr Wicart voulut récompenser son zèle et son dévouement et lui donner un témoignage éclatant de sa haute bienveillance, en le nommant chanoine honoraire de sa cathédrale, et tout le diocèse applaudit à cette nomination, acte de sévère justice.

Quand l'œuvre importante, qu'il avait entreprise, fut achevée, quand il eut doté le Diocèse de ce magnifique établissement, quand il eut tout réglé, tout organisé, en un mot quand il vit que sa présence à Brignoles n'était plus nécessaire, l'abbé Olivier crut que sa mission était finie et, à diverses reprises, il manifesta aux supérieurs ecclésiastiques le désir, qu'il éprouvait de consacrer le reste de ses jours à l'exercice du ministère paroissial, vers lequel il s'était toujours senti fortement attiré. Les succès qu'il y avait obtenus, le bien considérable qu'il y avait opéré, ne permettaient pas de douter que ce ne fut là réellement sa vocation, et la providence, toujours admirable dans ses desseins, fournit à l'autorité supérieure l'occasion de faire rentrer M. l'abbé Olivier dans cette même paroisse, où il avait laissé de si précieux souvenirs.

M. l'abbé Bertrand, que l'opinion publique désignait pour la cure de Sainte-Marie, devenue vacante par la mort prématurée de M. l'abbé Riquier, venait d'être nommé à cette cure, la première de la cité.

Il ne m'appartient pas de faire l'éloge de ce pasteur vénérable et vénéré ; sa modestie et ma vieille amitié ne sauraient me permettre de dire ici des choses qui se trouvent d'ailleurs sur toutes les lèvres et dans tous les cœurs. Tout ce que je puis ajouter c'est que ses paroissiens, qui avaient appris, pendant dix-huit ans, à le connaître et à l'apprécier, ne se consolèrent de son départ que par la pensée qu'en restant dans la ville, il n'était pas entièrement perdu pour eux et qu'ils avaient, en la personne de son successeur, un autre lui-même. Si jadis il fut heureux quand l'abbé Olivier lui arriva, pour remplir sous sa houlette pastorale les fonctions de vicaire, son cœur se dilata de joie et de bonheur, quand il apprit que c'était à ses mains habiles que ses chères brebis allaient être confiées.

La position sans doute était difficile et le fardeau bien lourd. L'abbé Olivier le comprenait mieux que personne, il savait qu'un rien suffit pour compromettre le succès du ministère quand on recueille l'héritage d'un pasteur bienaimé. Il ne pouvait oublier les pieux succès de son vicariat à Saint-Louis; mais réussirait-il à la tête de cette même paroisse? Sa modestie lui inspirait à ce sujet, dès le principe, des craintes qu'il nous a manifestées plus d'une fois et il ne fallait rien moins que les assurances, que nous lui donnions, pour calmer ses modestes alarmes. Ce fut donc en tremblant qu'il se chargea du redoutable ministère. Ce qui ranima sa confiance c'est la pensée qu'il allait travailler à la culture de cette vigne chérie sous les regards de son premier maître et qu'il pourrait à chaque instant recourir à ses lumières et à son expérience.

Un second motif de confiance pour lui ce fut la coïncidence de son installation avec la fête de l'Immaculée-Conception de l'Auguste-Reine des Cieux. Sa tendre dévotion envers cette glorieuse mère lui fit regarder cette coïncidence comme de bon augure : son espérance n'a pas été trompée et il se plaisait à reconnaître que c'était à la bénédiction de Marie qu'il était redevable du bien qui s'opérait, et chose vraiment remarquable et qui n'a échappé à personne ! c'est que, en 1856, il a célébré sa première messe, comme curé, dans la paroisse, le jour de la fête de l'Immaculée Conception et que en 1861, le jour de cette même fête il a célébré sa dernière, comme si la Sainte-Vierge avait voulu qu'il terminât son ministère le jour même qu'il l'avait commencé ! C'est à la fin de l'octave qu'il a rendu le dernier soupir, ce qui nous rappelle tout naturellement les belles paroles sorties de la bouche d'un ami commun, expirant : *je me félicite de mourir le jour de l'octave de l'Immaculée Conception et je remercie la Sainte-Vierge de m'avoir obtenu cette faveur.*

Soutenu par ce double motif de confiance M. l'abbé Olivier se mit courageusement à l'œuvre : cependant, et toujours par suite du sentiment si louable de déférence qu'il avait pour son ancien curé, il se fit un devoir sacré de respecter tout ce qu'il avait trouvé dans la paroisse et d'y achever les embellissements, depuis longtemps projetés et pour lesquels des fonds avaient été recueillis.

C'est ainsi que, grâce à ces premiers éléments, M. l'abbé Olivier a pu faire confectionner de nouvelles orgues, placer la grille, qui existe maintenant en face de la grande porte de la paroisse et élever dans l'intérieur du péristyle, vis-à-vis le monument du Calvaire un second monument en l'honneur de la très-Sainte-Vierge. Ce sont là des œuvres qui ne cesseront de publier son zèle et son bon goût. Et si la mort ne fut pas venue le ravir sitôt à notre tendresse il aurait réalisé plusieurs autres améliorations dont il nous avait fait part.

Mais tout dévoré qu'il était du zèle de la maison de Dieu, M. l'abbé Olivier ne se bornait pas à l'ornementation du temple matériel ; il avait trop de foi, il savait trop bien ce que valent les âmes, rachetées par le sang de J.-C. pour ne pas déployer toute son ardeur et son activité à la sanctification de celles qui lui étaient confiées : aussi ne négligea-t-il rien pour les attirer dans le lieu saint par la pompe et la magnificence des cérémonies, par la majesté du chant et surtout par la parole de Dieu et par la création d'institutions pieuses.

C'est ainsi que, pour raffermir d'un côté les jeunes

personnes dans la connaissance et la pratique des vertus chrétiennes, il fonda le catéchisme de persévérance, où dans de charmantes causeries, il exposait et développait les grandes vérités de la foi et tout le plan du catholicisme, et que, de l'autre, pour offrir à celles, que Dieu avait appelées à l'état conjugal, un moyen de sanctification, il établit l'association des Mères-Chrétiennes, dans laquelle un grand nombre de mères de famille se sont empressées de se faire inscrire.

Tous les ans, pendant l'octave de l'Immaculée-Conception, il prêchait une retraite à ces dames. Cette année encore, et malgré le mal, qui le travaillait, il a tenu à faire l'ouverture de cette retraite ; le soir de ce même jour il voulut aller adresser une instruction aux bonnes sœurs de la Sagesse de l'hôpital de la marine. C'est là que, pour la première fois nous pûmes constater la gravité de son mal, et le lendemain, quelles que fussent sa fatigue et son oppression, il tint à aller porter à une pieuse dame, qui se mourait, quelques paroles de consolation, de sorte qu'on peut dire en toute vérité que, comme un vaillant soldat du Christ, il a succombé sur le champ de bataille, les armes à la main.

Naturellement obligeant, M. l'abbé Olivier était toujours prêt à rendre service, qui que ce fut, qui eut recours à lui, il était certain d'être accueilli avec bienveillance et de trouver en lui un cœur de père : que de personnes il a soutenues, fortifiées, consolées par ses bonnes paroles, et dont il a amélioré la position matérielle, soit par ses aumônes personnelles, soit par ses démarches officieuses auprès de ceux qui pouvaient lui venir en aide sur ce point! Rien ne lui coûtait pour cela; ne faisant acception de personne, n'ayant aucun égard dans l'exercice du saint ministère, à la distinction de rang et de fortune, il mettait autant d'empressement à obliger les pauvres que les riches, les personnes appartenant à la dernière classe, que celles qui appartenaient à la plus élevée.

Dans le cours de sa carrière, M. l'abbé Olivier a bien pu rencontrer de l'opposition et éprouver des contrariétés. (Et qui peut y échapper en ce monde?) Ce sont là de ces cahotements et de ces secousses inévitables sur le chemin de la vie; mais du moins on lui rendra cette justice qu'il n'avait jamais que des intentions très-pures, et que, sciemment, il n'a jamais fait de la peine à personne.

Il a bien pu encore se tromper dans ses jugements et ses appréciations. (Et qui n'a pas touché à cet écueil sur la terre?) L'infaillibilité, on ne le sait que trop, n'est pas le privilége de l'humanité; l'erreur est, au contraire, son partage : *errare humanum est*. Il n'y a que l'Église et le Souverain Pontife, et encore seulement dans les questions de dogme, de morale et de discipline générale, qui ont reçu du divin Sauveur ce privilége glorieux. Si donc, comme le reste des mortels, l'abbé Olivier a pu se tromper, nous affirmons que, lorsqu'il reconnaissait son erreur, il ne craignait pas de la désavouer, et en cela il ne croyait pas s'abaisser ; car, certes et en réalité, l'homme n'est jamais plus grand que, lorsque reconnaissant avoir été trompé, il le publie hautement et tend à ses contradicteurs une main bienveillante et amie.

Esprit large et conciliant, M. l'abbé Olivier savait fermer les yeux sur les faiblesses et les misères humaines ; il en connaissait trop bien toute l'étendue, pour ne pas s'élever au-dessus d'elles et les couvrir du manteau de sa charité. Demi-heure de conversation lui suffisait, pour détromper les esprits le plus prévenus et lui gagner les cœurs. On ne résistait pas à la suavité de son langage ; car c'est principalement par là, tout le monde en convient, qu'il brillait le plus. Son instruction variée, sans être profonde, et sa parole facile donnaient à sa conversation un charme ravissant. On ne le quittait jamais qu'avec la persuasion qu'on avait en lui un ami sincèrement dévoué!! Oui, nous aimons à le constater, les rapports qu'il avait avec MM. les vicaires, les fabriciens, les subalternes et généralement avec tous ses paroissiens étaient toujours, on ne peut plus agréables. Aussi son influence auprès de toutes les classes de la société allait-elle tous les jours grandissant.

Entouré de l'affection de ses brebis et de l'estime de toutes les autorités et dans toute la maturité de son âge, tout nous fesait espérer que nous le conserverions longtemps encore et que nous le verrions consolider et accroître le bien qu'il avait déjà fait au milieu de nous.

Le Seigneur en a disposé autrement il l'a trouvé mûr

pour la récompense qu'il destine à ses serviteurs fidèles ; mais connaissant toute la tendresse qu'il avait lui-même pour ses paroissiens, pour ses amis et en particulier pour sa famille, dont il était la gloire et le soutien, il a voulu lui épargner la peine toujours si amère de s'en voir séparé, ainsi que les dangers d'une longue maladie. C'est là aussi la grâce, qu'il a daigné accorder tout récemment à un de ses plus fidèles serviteurs qui la lui avait demandée. Oui, dit L. Veuillot dans la biographie qu'il vient de faire de cet homme de bien si prématurément enlevé à la science, aux lettres, à sa famille, à ses amis et à l'église, M. Charles de Sainte-Foi (Jourdain) avait souhaité de mourir ainsi : Il craignait les longues souffrances de la maladie pour les autres et pour lui-même. Son cœur s'affligeait des angoisses de ceux qui devaient le soigner. Sa piété craignait de manquer de patience et d'offenser Dieu. Il le disait à son plus intime ami : — « J'aime mieux, ajoutait-
» il, faire mon purgatoire de l'autre côté. Dans le
» purgatoire on expie, mais on ne péche pas et l'on
» espère (quelle vivacité de foi ! quelle horreur pour le
» péché !) » —Il répétait cette pensée de Bossuet : « que
» la mort est douce puisqu'elle enlève l'effroyable puis-
» sance de pécher. » Ses vœux furent exaucés. Le 20 novembre 1861, rentrant le soir avec M. Jourdain, il sentit tout-à-coup une vive souffrance et connut que c'était sa fin. Il peut à peine regagner sa maison. Il rentra dans la loge du portier, se mit à genoux, fit une courte prière, se releva, s'assit, dit adieu à sa femme en pleine connaissance et sans douleur, comme il l'avait désiré.

L'abbé Olivier aussi après une courte et peu douloureuse maladie s'est éteint doucement sans agonie et contre les prévisions même de la science médicale ; mais pour la consolation de tous, nous sommes heureux de pouvoir ajouter ici qu'il s'était préparé au passage du temps à l'éternité et que peu de temps avant sa mort, se voyant dans l'impossibilité de venir chez nous, il nous pria de nous rendre auprès de lui, pour entendre sa confession. Ne dirait-on pas qu'il prévoyait déjà sa fin prochaine ?

Tous les jours nous nous faisions un devoir de le visiter ; mais, tout en reconnaissant la gravité du mal, nous étions loin de croire que ce cher malade touchait au terme de sa carrière. Nous étions encore auprès de lui, mardi soir, 17 décembre, quelques instants avant sa mort. Nous nous entretenions des intérêts spirituels de la paroisse et nous avions la persuasion qu'il passerait une meilleure nuit que les précédentes ; mais, hélas ! à neuf heures et demie il rendit instantanément sa belle âme à Dieu et le lendemain nous apprîmes de bonne heure, par un de ses vicaires désolés, que nous venions de perdre un de nos meilleurs amis.

Dès que la nouvelle de cette mort funeste fut connue, la consternation devint générale, et il est prodigieux le nombre des personnes qui se sont présentées à la porte de son domicile, pour s'inscrire, en témoignage de leur douleur, sur le registre placé dans le vestibule.

Le soir quand on eut porté dans l'Eglise le cercueil qui

renfermait les dépouilles mortelles, le lieu saint ne désemplit pas jusques bien avant dans la nuit. Chacun voulait contempler encore une fois les traits vénérés de ce pasteur que la mort venait de frapper ; mais le jeudi, jour fixé pour les obsèques, la foule fut bien plus considérable encore. L'Eglise était comble, comme pendant les jours de fêtes solennelles. Tout le clergé de la ville et de la banlieue, les diverses communautés, les congrégations et les écoles de la paroisse s'y trouvaient réunies. Les coins du poêle étaient portés par quatre chanoines honoraires du diocèse et derrière le clergé on a remarqué avec satisfaction le Vice-Amiral Préfet maritime, le Commissaire général, le Major-Général, le Sous-Préfet, le Maire de la commune, le Président du tribunal, le Procureur impérial, les Receveurs généraux des contributions directes et indirectes, un grand nombre d'officiers de tout grade, tous les membres de la société de Saint-Vincent-de-Paul, que n'avaient pas retenus les divers services publics et une foule d'habitants des autres paroisses qui, par leur présence à cette lugubre cérémonie, ont voulu donner à ce digne Pasteur un dernier témoignage de leur vive sympathie.

On vient de nous assurer que, pendant tout le restant de la journée, de pieux fidèles n'ont cessé de se rendre dans notre commune demeure, pour y prier sur sa tombe.

Puissent les regrets unanimes qui l'y ont accompagné apporter quelque adoucissement à la douleur profonde de sa famille si rudement frappée ! Puissent surtout les prières ferventes, qui montent tous les jours au ciel, abréger le temps de ses souffrances, si la justice divine le retenait encore dans le lieu d'expiation ! Et c'est là la seule expression de notre amour et de notre reconnaissance qui nous reste désormais à lui offrir.

B. VIDAL,

*Chanoine honoraire, Aumônier de la Marine,
Chevalier de la Légion d'Honneur.*

On vient de nous communiquer la note suivante, avec prière de la joindre à notre récit. Nous nous rendons d'autant plus volontiers au désir, qui nous est exprimé que cette note est un témoignage de plus rendu à la mémoire de notre si regrettable ami.

NOTE

Relative à la fondation des Conférences de St-Vincent-de-Paul à Toulon.

L'âme du prêtre s'ouvre avec intelligence et avec amour à tout bruit qui annonce un progrès, qui apporte à l'intelligence morale ou physique un aide et une consolation : aussi, bien que simple vicaire dans la paroisse qui avait espéré jouir longtemps de lui comme curé, M. l'abbé Olivier connut des premiers, à Toulon, une nouvelle émanée de quelques correspondances intimes.

Huit jeunes étudiants, unis par une passion assez rare à cette époque, la piété, mais une piété nourrie de profondes études en philosophie et en littérature, avaient un jour, à Paris, par la plus heureuse inspiration, élevé leurs conférences, en doctes entretiens, à la dignité d'œuvre de charité chrétienne. — « Nous » avons assez discuté, avait dit l'un d'eux en ouvrant sa mo- » deste bourse, agissons un peu ! Méritons que le Dieu de la » vérité se donne à nous, en nous donnant à lui, en la personne » de l'indigent et du malheureux. » Et la bourse, passant de main en main en même temps que ce conseil passait de cœur en cœur, s'était trouvée assez riche pour qu'ils allassent à l'instant porter à quelques pauvres familles un peu de joie et d'espérance.

Ainsi naquit l'œuvre admirable des Conférences de St-Vincent-de-Paul, aux bienfaits desquelles M. le Ministre a rendu justice dans la circulaire même qui les a frappées au cœur.

M. l'abbé Olivier fit part à quelques Messieurs du dessein qu'il avait conçu de doter Toulon d'une de ces Conférences. Sa proposition fut acceptée. On se réunit le 2 février 1843, époque chère à nos souvenirs. C'était dans un des appartements qu'occupait le jeune fondateur, dans la rue de l'Arsenal. Là, sous la présidence du saint évêque d'Ancaste, se trouvaient MM. Maruau, brillant élève de l'école Polytechnique, âme ardente, qui, à travers toutes les erreurs de la philosophie contemporaine et du saint-simonisme, venait d'arriver, par l'étude et par la vertu, à la foi catholique, à laquelle il consacra plus tard les dernières années de sa vie; — Guérin, ingénieur des ponts et chaussées, attaché à la marine, dont la ville de Draguignan comme celle de Toulon, a admiré les vertus; — Camille Aguillon, qui vient de terminer, au milieu des regrets unanimes, une vie que n'effleura jamais un blâme et que recommandent tant de bienfaits. — Les quatre ou cinq autres appartenaient à divers services de la marine. Ils vivent encore, et nul plus qu'eux n'a honoré de pleurs sincères les funèbres honneurs que la ville a rendus à ce prêtre si distingué.

Toutes les semaines on se réunissait et toujours dans le petit cénacle où était née la Conférence. Après la prière et la lecture, chacun parlait des misères, des infortunes qu'il avait découvertes, des pieux desseins qu'il avait conçus. Le Président donnait alors à chaque Membre la mission adaptée à son caractère et aux qualités de son âme, et on allait, avec joie, chercher dans les bénédictions du pauvre le secret divin de son propre bonheur.

La parole persuasive, le zèle éclairé de M. l'abbé Olivier, développèrent ce germe précieux jusqu'à l'époque où il fut appelé à la direction du petit séminaire de Brignoles. Si la Société a prospéré depuis-lors, si, sentant avec ses forces s'accroître le besoin d'étendre ses œuvres, elle s'est divisée en autant de Conférences qu'il y a de paroisses dans la ville et dans les faubourgs ; si elle a ouvert des écoles du soir aux soldats et aux marins ; si elle s'est chargée, à défaut de la Société de St-François-Régis, de la réhabilitation des unions illégales et de la légitimation des enfants du crime, elle reconnaît devoir ce bienfait autant à la sagesse de celui qui avait posé ses premiers fondements qu'aux lumières et aux vertus des prêtres que Mgr l'évêque lui a donnés plus tard comme ses délégués et son conseil dans les cas difficiles : délégation toute de confiance et de pieuse sympathie, destinée à écarter des Conférences de St-Vincent-de-Paul le double péril de devenir de simples confréries ou des bureaux de charité officielle.

Avant que d'éloquents évêques, et en dernier lieu Mgr d'Arras, l'eussent dit en des lettres à nous faire oublier ou pardonner d'injustes inculpations, les humbles fils de Vincent-de-Paul, à Toulon comme dans tous les points de l'univers qu'embrassent leurs trois mille Conférences, savaient que leur société était, non une œuvre politique (rien n'y a jamais mérité ce nom), mais un moyen d'ouvrir aux grandes fortunes, aux positions élevées, si exposées, hélas ! à mal user de leur or, de leur influence et de leurs loisirs ; de leur ouvrir, disons-nous, la voie des vertus chrétiennes et sociales, surtout par l'étude et le spectacle journalier des misères humaines, auxquelles on ne remédie et qu'on ne secourt volontiers et avec succès que lorsqu'on les touche du regard, de la main et du cœur.

Cette joie, la femme chrétienne l'avait trop longtemps, au milieu ces progrès de la civilisation actuelle, seule connue et suivie. Il fallait bien que l'homme s'y engageât à son tour. (J'entends le simple fidèle ; car le prêtre catholique s'y posa toujours en digne ministre du Dieu des miséricordes) pour achever d'étudier l'humanité et ses douleurs ailleurs et mieux que dans l'histoire, le drame et le roman. Ah ! qui nous dirait combien de larmes, de douces paroles, de sommes d'or, qui jadis eussent fait naître ou assouvir de coupables passions, ont coulé, rosée du ciel, sur des maux longtemps crus incurables, sur des erreurs obstinées, sur de cruelles infortunes ! Et oublie-t-on le second effet de ces visites amies (c'est le terme réglementaire) que le riche fait au pauvre : la réconciliation de deux classes, ennemies quand elles n'obéissent qu'aux aveugles instincts de la nature ; réconciliation opérée sans secousse, et qui, secondée ou du moins laissée à l'action paisible et incessante de la charité catholique, rendrait impossibles, ou infiniment rares les orages qui, aux jours néfastes, ébranlent les fondements de l'ordre social.

www.ingramcontent.com/pod-product-compliance
Lightning Source LLC
Chambersburg PA
CBHW060722050426
42451CB00010B/1580